Impressum
Verlag: BABADADA GmbH, Nedderfeld 112 , 22529 Hamburg
Geschäftsführer / Verlagsleitung: Harald Hof
Druck: Books on Demand GmbH, In de Tarpen 42, 22848 Norderstedt

Imprint
Publisher: BABADADA GmbH, Nedderfeld 112 , 22529 Hamburg, Germany
Managing Director / Publishing direction: Harald Hof
Print: Books on Demand GmbH, In de Tarpen 42, 22848 Norderstedt, Germany

škola

اسکول

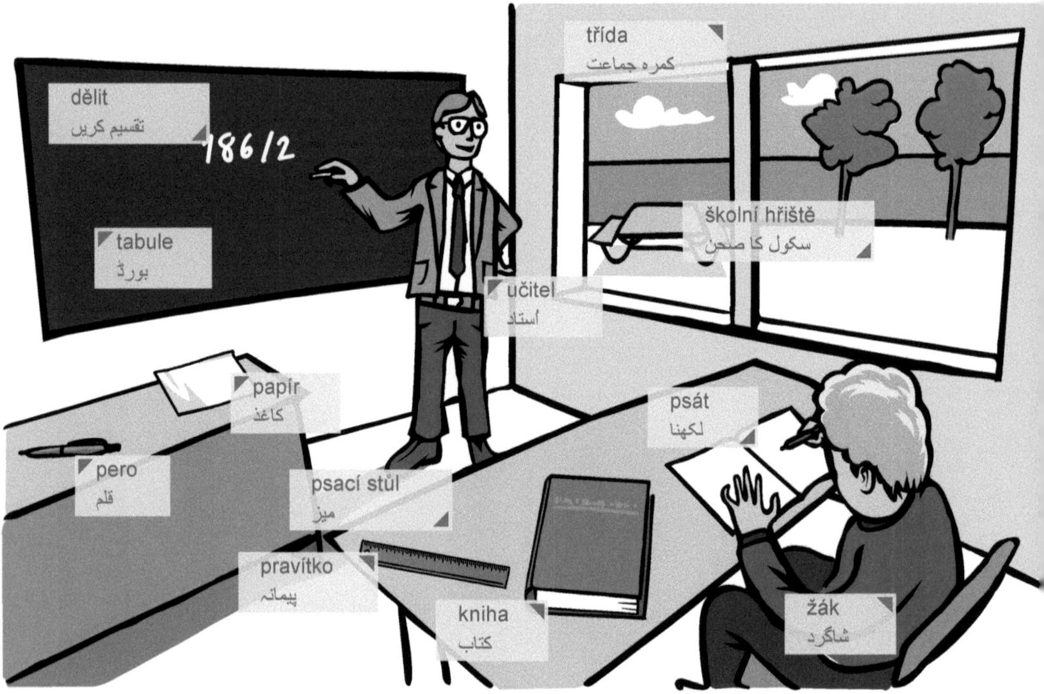

třída
کمرہ جماعت
dělit
تقسیم کریں
186/2
tabule
بورڈ
školní hřiště
سکول کا صحن
učitel
اُستاد
papír
کاغذ
psát
لکھنا
pero
قلم
psací stůl
میز
pravítko
پیمانہ
kniha
کتاب
žák
شاگرد

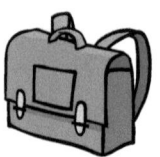

aktovka

بستہ

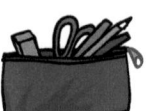

penál

پینسل کیس

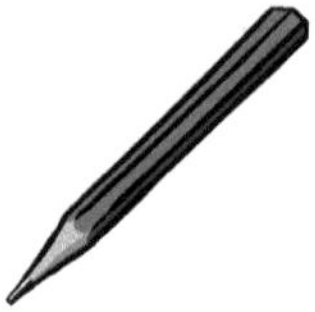

tužka

پینسل

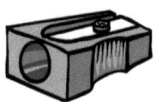

ořezávátko

پینسل شارپنر

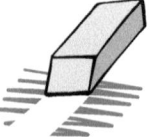

guma

ربڑ

blok na kreslení

ڈرائنگ پیڈ

výkres

ڈرائنگ

štětec

پینٹ برش

malířské potřeby

پینٹ باکس

nůžky

قینچی

lepidlo

گوند

cvičebnice

مشق کی کاپی

domácí úkol

ہوم ورک

počet

ہندسہ

sčítat

جمع کریں

odčítat

منفی کریں

násobit

ضرب دیں

počítat

شمار کریں

písmeno

خط

abeceda

حروفِ تہجی

hello

slovo

لفظ

text

متن

číst

پڑھنا

křída

چاک

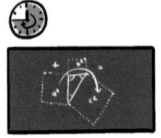

hodina

سبق

třídní kniha

اندراج

zkouška

امتحان

vysvědčení

سند

školní uniforma

سکول یونیفارم

vzdělání

تعلیم

encyklopedie

انسائیکلوپیڈیا

univerzita

یونیورسٹی

mikroskop

خورد بین

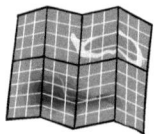

karta

نقشہ

odpadkový koš na papír

ویسٹ پیپر باسکٹ

cesta

سفر

hotel
ہوٹل
Grand
ubytovna
ہاسٹل
ROOMS
směnárna
رقم تبدیل کرانے کیلئے دفتر
EXCHANGE
kufr
سوٹ کیس
auto
کار

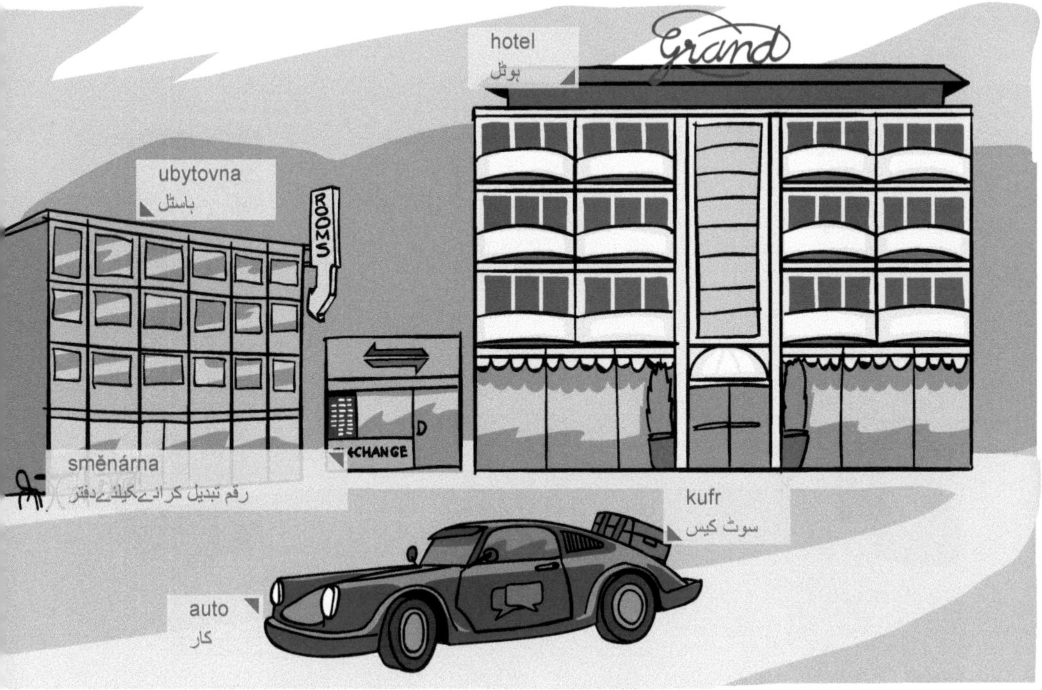

jazyk

زبان

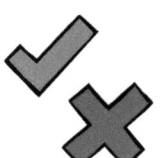

ano / ne

ہاں / نہیں

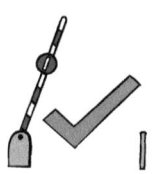

oukej

ٹھیک ہے

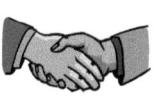

Ahoj!

ہیلو

překladatel

مُترجم

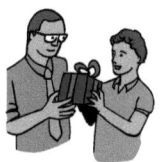

děkuji

شُکریہ

Kolik stojí...?

؟کی کیا قیمت ہے؟ ---

nerozumím

میں نہیں سمجھتا

problém

مشکل

Dobrý večer!

شام بخیر!

Dobré ráno!

صبح بخیر!

Dobrou noc!

شب بخیر!

na shledanou

الوداع

směr

سمت

zavazadlo

سفری سامان

taška

بیگ

batoh

بیگ پیک

host

مہمان

pokoj

کمرہ

spací pytel

سلیپنگ بیگ

stan

ٹینٹ

turistické informace

سياحوں کے لئے معلومات

pláž

ساحل

kreditní karta

کریڈٹ کارڈ

snídaně

ناشتہ

oběd

لنچ

večeře

ڈنر

jízdenka

ٹکٹ

výtah

لفٹ

poštovní známka

مُہر

hranice

سرحد

clo

کسٹمز

poselství

سفارت خانہ

vízum

ویزا

pas

پاسپورٹ

cesta - سفر   7

transport

نقل وحمل

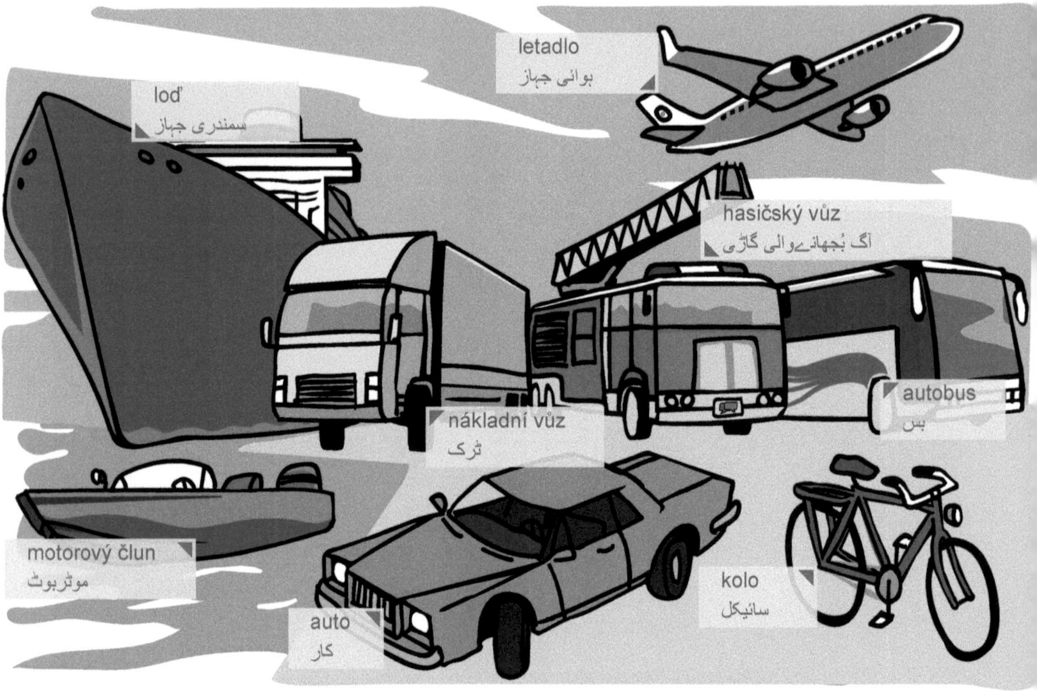

letadlo
ہوائی جہاز
loď
سمندری جہاز
hasičský vůz
آگ بُجھانےوالی گاڑی
autobus
بس
nákladní vůz
ٹرک
motorový člun
موٹربوٹ
kolo
سائیکل
auto
کار

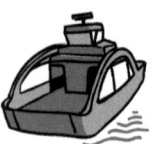

přívoz

فیری

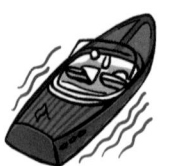

člun

کشتی

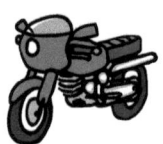

motorka

موٹرسائیکل

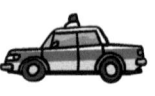

policejní auto

پولیس کار

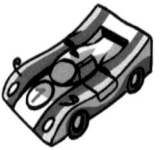

závodní auto

ریسنگ کار

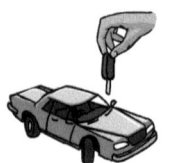

pronajaté auto

کرایہ پرکار

sdílení aut

کارکا اشتراک کرنا

odtahová služba

کھینچنےوالا ٹرک

popelářský vůz

کوڑے والا ٹرک

motor

کار

palivo

ایندھن

čerpací stanice

پٹرول اسٹیشن

dopravní značka

ٹریفک کےنشانات

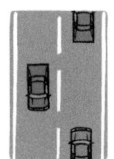

doprava

ٹریفک

dopravní zácpa

ٹریفک جام

parkoviště

کارپارک

vlakové nádraží

ٹرین اسٹیشن

koleje

پٹریاں

vlak

ٹرین

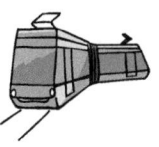

tramvaj

ٹرام

vagón

ویگن

helikoptéra

بیلی کاپٹر

letiště

ائرپورٹ

věž

ٹاور

pasažér

مسافر

kontejner

کنٹینر

kartón

ڈبہ

trakař

ریڑھا

koš

ٹوکری

vzlétnout / přistát

اڑان بھرنا / زمین پر اترنا

město

شہر

vesnice

گاؤں

střed města

سٹی سنٹر

dům

مکان

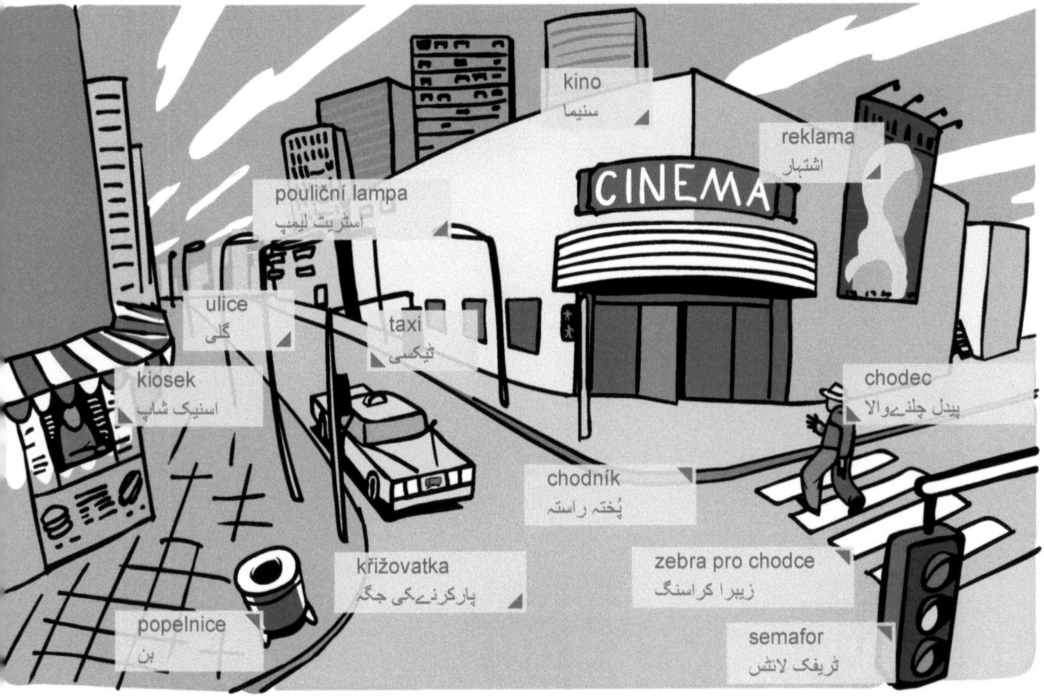
CINEMA
kino
سنیما
reklama
اشتہار
pouliční lampa
اسٹریٹ لیمپ
ulice
گلی
taxi
ٹیکسی
kiosek
اسنیک شاپ
chodec
پیدل چلنے والا
chodník
پُختہ راستہ
křižovatka
پارکرنے کی جگہ
zebra pro chodce
زیبرا کراسنگ
popelnice
بن
semafor
ٹریفک لائٹس

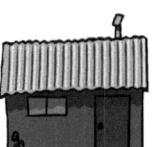

chata

ہٹ

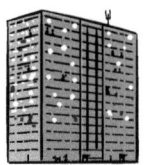

byt

فلیٹ

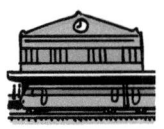

vlakové nádraží

ٹرین اسٹیشن

radnice

ٹاؤن ہال

MUSEUM

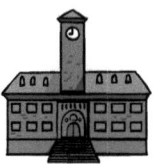

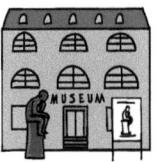

muzeum

عجائب گھر

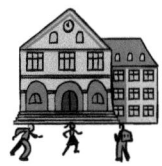

škola

اسکول

univerzita

پونیورسٹی

banka

بینک

nemocnice

ہسپتال

hotel

ہوٹل

lékárna

فارمیسی

kancelář

دفتر

knihkupectví

کتابوں کی دکان

obchod

دکان

květinářství

پھولوں کی دکان

supermarket

سپرمارکیٹ

tržnice

مارکیٹ

obchodní dům

ڈیپارٹمنٹ سٹور

rybárna

مچھلی کی دکان

nákupní centrum

شاپنگ سنٹر

přístav

بندرگاہ

park

پارک

lavička

بنچ

most

پُل

schody

سیڑھیاں

metro

انڈرگراؤنڈ

tunel

سرُنگ

autobusová zastávka

بس اسٹاپ

bar

شراب خانہ

restaurace

ریسٹورنٹ

poštovní schránka

پوسٹ باکس

pouliční tabule

اسٹریٹ سائن

parkovací hodiny

پارکنگ میٹر

zoo

چڑیا گھر

plovárna

سونمنگ پول

mešita

مسجد

usedlost

کھیت

znečišťování životního prostředí

آلودگی

hřbitov

قبرستان

církev

چرچ

hřiště

کھیل کا میدان

chrám

مندر

krajina

منظر

list
پتہ

rozcestník
رہنمائی کرنے کیلئے لگا ہوا بورڈ

cesta
راستہ

louka
سبزہ زار

kámen
پتھر

strom
درخت

turista
پیدل چلنے والا، بانکر

řeka
دریا

tráva
گھاس

květina
پھول

údolí

وادی

hora

پہاڑی

jezero

جھیل

les

جنگل

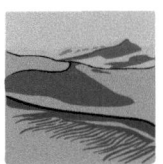

poušť

صحرا

sopka

آتش فشاں

zámek

قلعہ

duha

قوس قزح

houba

کھمبی

palma

کجھور کا درخت

komár

مچھر

moucha

مکھی

mravenec

چیونٹی

včela

مکھی

pavouk

مکڑا

brouk

بھونرا

žába

مینڈک

veverka

گلہری

ježek

خارپُشت

zajíc

خرگوش

sova

اُلو

pták

پرندہ

labuť

راج ہنس

divoké prase

سؤر

jelen

ہرن

los

امریکی بارہ سنگھا

přehrada

ڈیم

větrné kolo

ہوا سےچلنےوالی ٹربائین

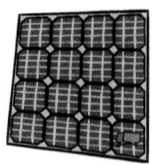

solární panel

سولرپینل

podnebí

آب وہوا

restaurace
ریسٹورنٹ

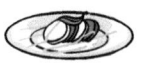

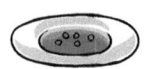

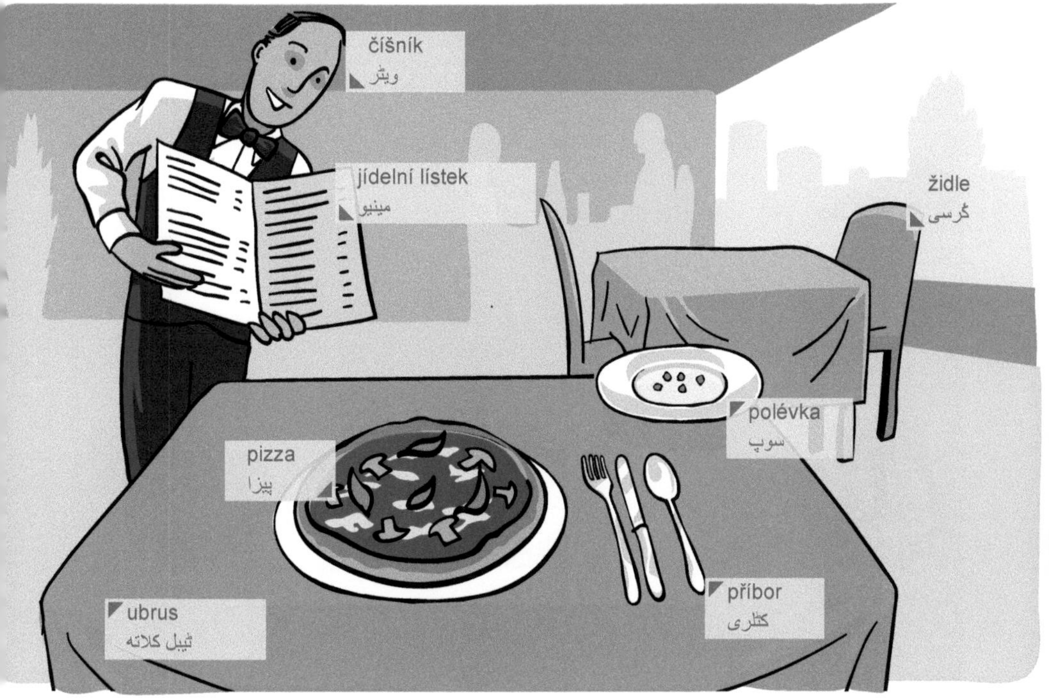

číšník
ویٹر
jídelní lístek
مینیو
židle
کُرسی
polévka
سوپ
pizza
پیزا
příbor
کٹلری
ubrus
ٹیبل کلاتھ

předkrm

استارٹر

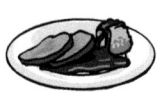

hlavní chod

مین کورس

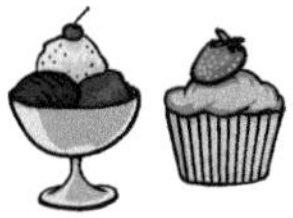

dezert

ڈیزرٹ

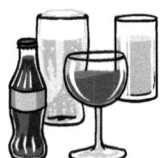

nápoje

مشروبات

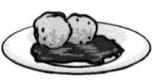

jídlo

کھانےکی اشیاء

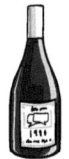

láhev

بوتل

rychlé občerstvení

فاسٹ فوڈ

pouliční občerstvení

اسٹریٹ فوڈ

čajová konvice

چائےدانی

cukřenka

شوگرباکس

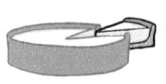

porce

حصہ

kávovar na espresso

ایسپریسو مشین

dětská stolička

اونچی کرسی

faktura

بل

tác

ٹرے

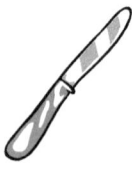

nůž

چھُری

vidlička

کانٹا

lžíce

چمچ

čajová lyžička

چائےکا چمچ

ubrousek

سرویئٹی

sklenička

ٹِیشہ

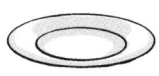

talíř

پلیٹ

talíř na polévku

سوپ پلیٹ

podšálek

طشتری

omáčka

چٹنی

slánka

سالٹ شیکر

mlýnek na pepř

پیپر مل

ocet

سرکہ

olej

خوردنی تیل

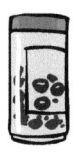

koření

مصالحے

kečup

کیچپ

hořčice

سرسوں

majonéza

مینونیز

supermarket

سُپرمارکیٹ

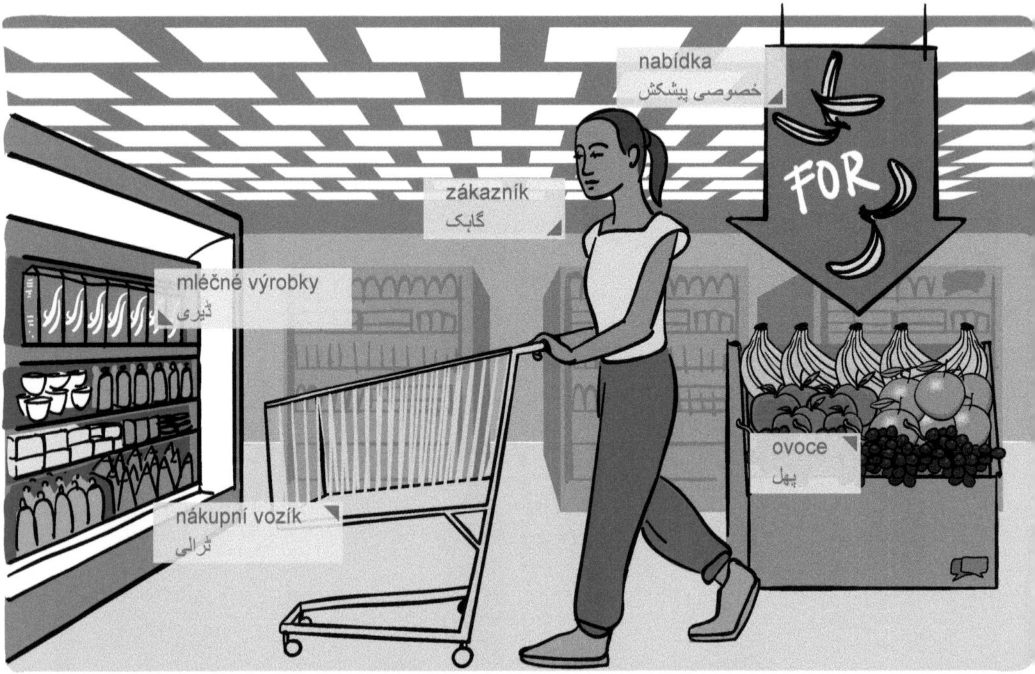
nabídka
خصوصی پیشکش
FOR
zákazník
گاہک
mléčné výrobky
ڈیری
ovoce
پھل
nákupní vozík
ٹرالی

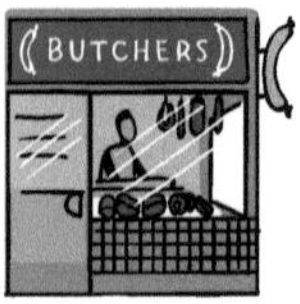
BUTCHERS

masna

گوشت کی دُکان

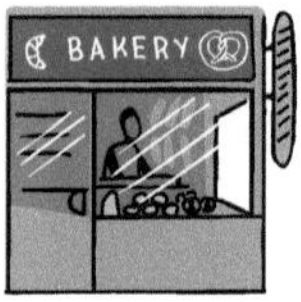
BAKERY

pekařství

بیکری

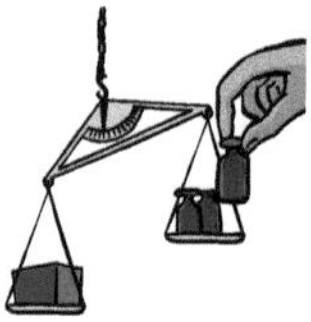

vážit

وزن کرنا

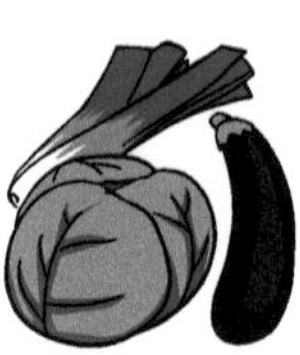

zelenina

سبزیاں

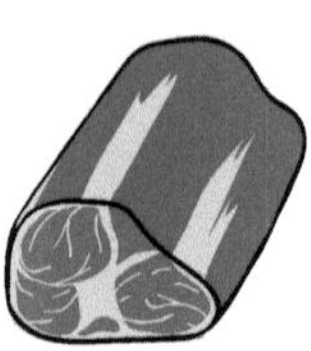

maso

گوشت

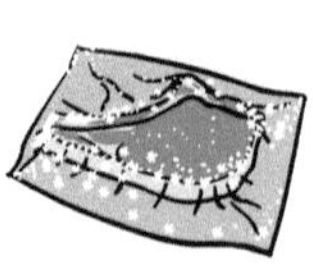

mražené potraviny

جما ہوا کھانا

obložený talíř

کولڈ کش

konzervy

ڈبے میں بند کھانا

prací prášek

واشنگ پاؤڈر

cukrovinky

مٹھائیاں

výrobky pro domácnost

گھریلو مصنوعات

čisticí prostředek

صاف کرنے کیلئے مصنوعات

prodavačka

سیلز پرسن

pokladna

کیش رجسٹر

pokladní

کیشئیر

nákupní seznam

خریداری کی فہرست

otevírací doba

اوقات کار

peněženka

بٹوہ

kreditní karta

کریڈٹ کارڈ

taška

تھیلا

igelitová taška

پلاسٹک کے تھیلے

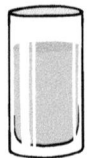

voda

پانی

džus

جوس، رس

mléko

دودھ

kola

کوک

víno

وائن

pivo

بیئر

alkohol

الکوحل

kakao

کوکوآ

čaj

چائے

káva

کافی

espresso

ایسپریسو

kapučíno

کیپاچینو

banán

کیلا

jablko

سیب

pomeranč

مالٹا

meloun

خربوزہ

citrón

لیموں

mrkev

گاجر

česnek

لہسن

bambus

بانس

cibule

پیاز

houba

کھُمبی

ořechy

اخروٹ، بادام وغیرہ

těstoviny

نوڈلز

špageti

اسپیگیٹی

rýže

چاول

salát

سلاد

hranolky

چپس

americké brambory

تلے گئے آلو

pizza

پیزا

hamburger

ہیم برگر

sendvič

سینڈوچ

řízek

کٹلیٹ

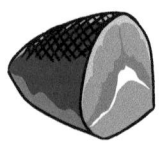

šunka

سؤرکی ران کا گوشت

salám

گوشت کی اطالوی ساسیج

salám

ساسیج

kuře

مُرغی

pečeně

روسٹ

ryby

مچھلی

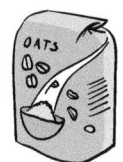

ovesné vločky

جئی کا دلیہ

müsli

میوزلی

vločky

کارن فلیکس

mouka

آٹا

croissant

کروئیسنٹ

houska

بریڈ رول

chléb

بریڈ

toast

ٹوسٹ

sušenky

بسکٹ

máslo

مکھن

tvaroh

دہی

buchta

کیک

vejce

انڈا

volské oko

فرائی کیا گیا انڈہ

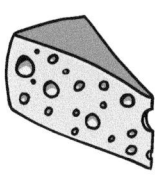

sýr

پنیر

zmrzlina

آئس کریم

cukr

چینی

med

شہد

marmeláda

جام

nugátový krém

ناؤگٹ کریم

kari

سالن

usedlost

کھیت

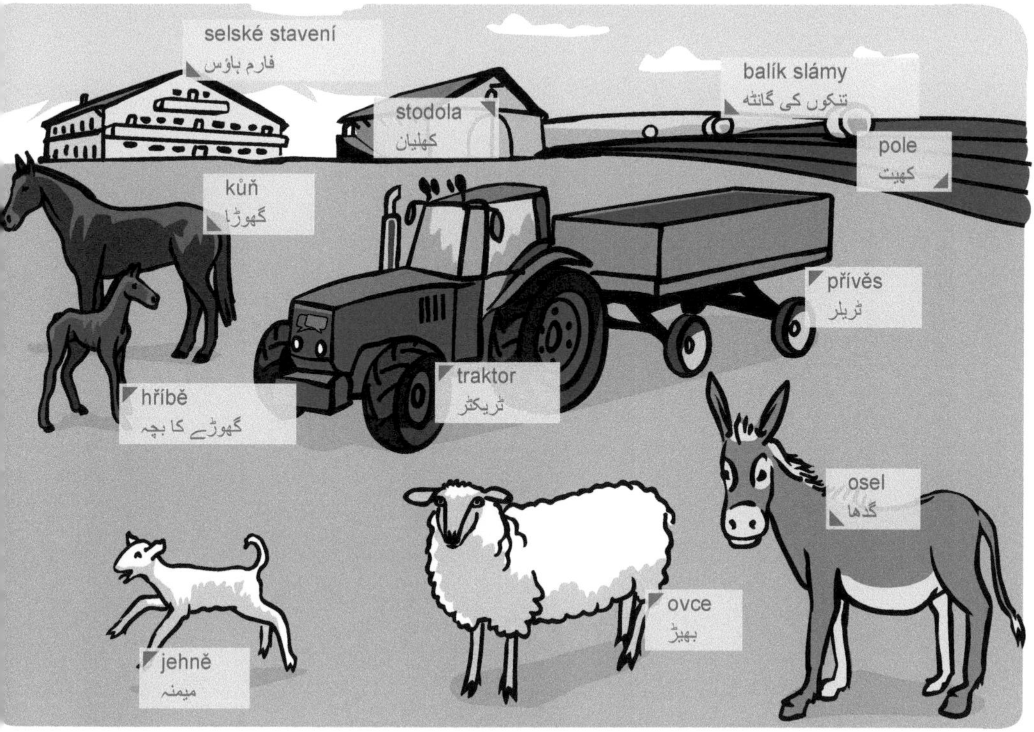

selské stavení
فارم ہاؤس
balík slámy
تنکوں کی گانٹھ
stodola
کھلیان
pole
کھیت
kůň
گھوڑا
přívěs
ٹریلر
traktor
ٹریکٹر
hříbě
گھوڑے کا بچہ
osel
گدھا
ovce
بھیڑ
jehně
میمنہ

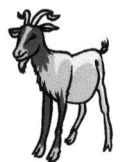

koza

بکری

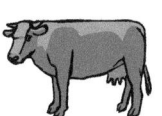

kráva

گائے

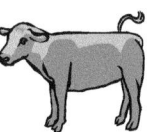

tele

بچھڑا

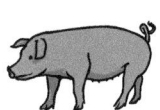

prase

سؤر

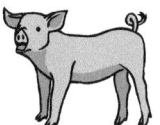

sele

سؤر کا بچہ

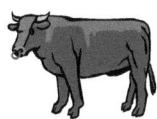

býk

سانڈ

husa

راج ہنس

kachna

بطخ

kuře

چوزہ

slepice

مُرغی

kohout

مُرغا

krysa

چوہا

kočka

بلی

myš

چوہا

vůl

بیلچہ

pes

کتا

psí bouda

کتے کا گھر

zahradní hadice

گارڈن ہاوس

kropicí konev

پانی کا کین

kosa

درانتی

pluh

ہل

srp

درانتی

motyka

بیلچه

vidle

ترنگل

sekera

کلہاڑا

kolecko

ہتھ گاڑی

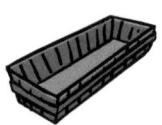

koryto

حوض

konev na mléko

دودھ کا کین

pytel

تھیلا

plot

باڑ

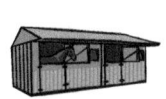

stáj

اصطبل

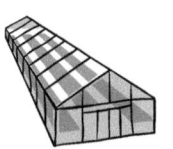

skleník

گرین ہاؤس

půda

مٹی

osivo

بیج

hnojivo

فرٹیلائزر

kombajn

کمبائن ہارویسٹر

sklidit

فصل کاٹنا

sklizeň

فصل کاٹنا

smldinec

افریقی آلو

pšenice

گندم

sója

سویا

brambora

آلو

kukuřice

مکئی

řepka

توریا کا تیل

ovocný strom

پھلداردرخت

maniok

کساوا

obilí

دلیہ

dům

مکان

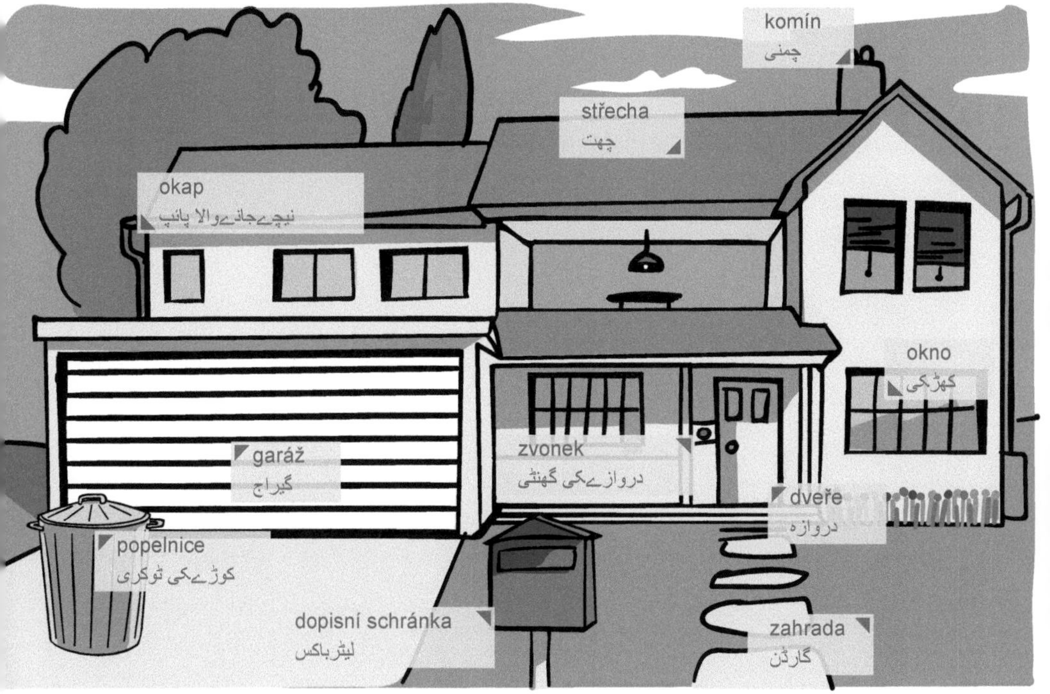
komín
چمنی
střecha
چھت
okap
نیچےجانےوالا پائپ
okno
کھڑکی
garáž
گیراج
zvonek
دروازےکی گھنٹی
dveře
دروازہ
popelnice
کوڑےکی ٹوکری
dopisní schránka
لیٹرباکس
zahrada
گارڈن

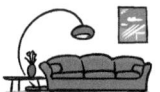

obývací pokoj

لوونگ روم

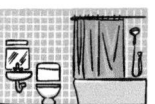

koupelna

غُسل خانہ

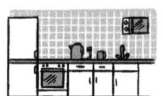

kuchyně

باورچی خانہ

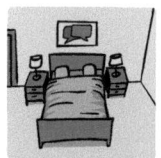

ložnice

بیڈروم

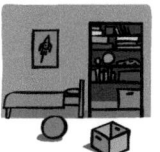

dětský pokoj

بچوں کا کمرہ

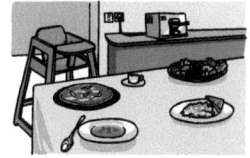

jídelna

کھانےکا کمرہ

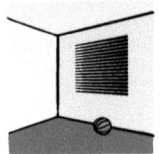

podlaha

فرش

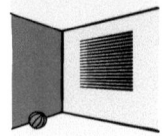

zeď

دیوار

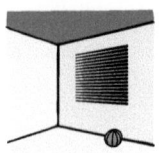

deka

چھت

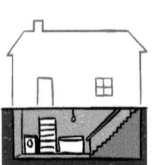

sklep

تہ خانہ

sauna

سوانا

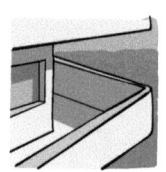

balkón

بالکونی

terasa

ٹیریس

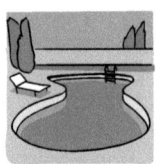

bazén

پول

sekačka na trávu

گھاس کاٹنےکی مشین

ložní prádlo

چادر

lůžková přikrývka

چادر

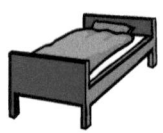

postel

بستر

smeták

جھاڑو

kýbl

بالٹی

vypínač

سونچ

obývací pokoj
لوونگ روم

tapeta
وال پیپر
obrázek
تصویر
žárovka
لیمپ
police
شیلف
skříň
الماری
televizor
ٹیلی ویژن
komín
آتش دان
květina
پھول
polštář
کُشن
gauč
صوفہ
váza
گلدان
dálkový ovladač
ریموٹ کنٹرول

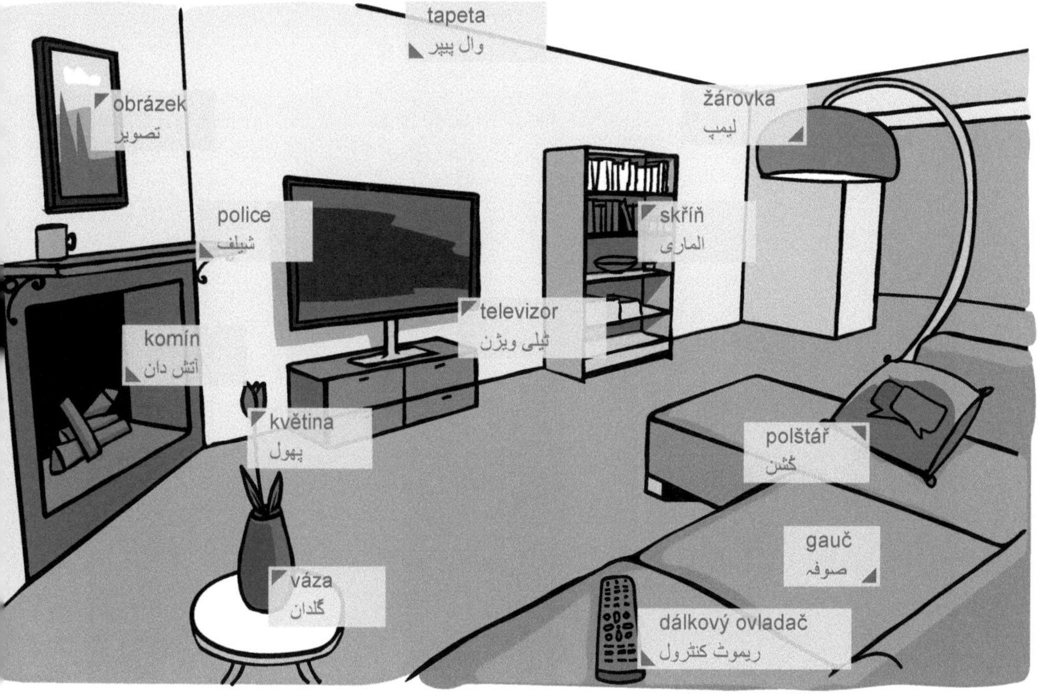

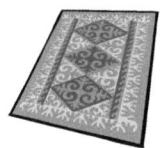

koberec

قالین

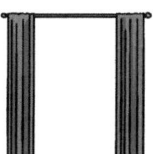

závěs

پردے

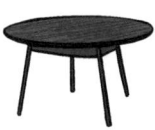

stůl

میز

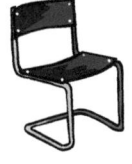

židle

کُرسی

houpací křeslo

ہلنےوالی کُرسی

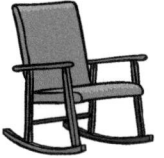

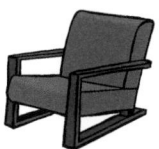

křeslo

آرام کُرسی

kniha

كتاب

strop

كمبل

ozdoba

آرائش

palivové dříví

جلانے کی لکڑی

film

فلم

stereo souprava

ہائی فائی

klíč

چابی

noviny

اخبار

malba

پینٹنگ

plakát

پوسٹر

rádio

ریڈیو

poznámkový blok

نوٹ بُک

vysavač

ویکیوم کلینر

kaktus

کیکٹس

svíce

موم بتی

kuchyně
باورچی خانہ

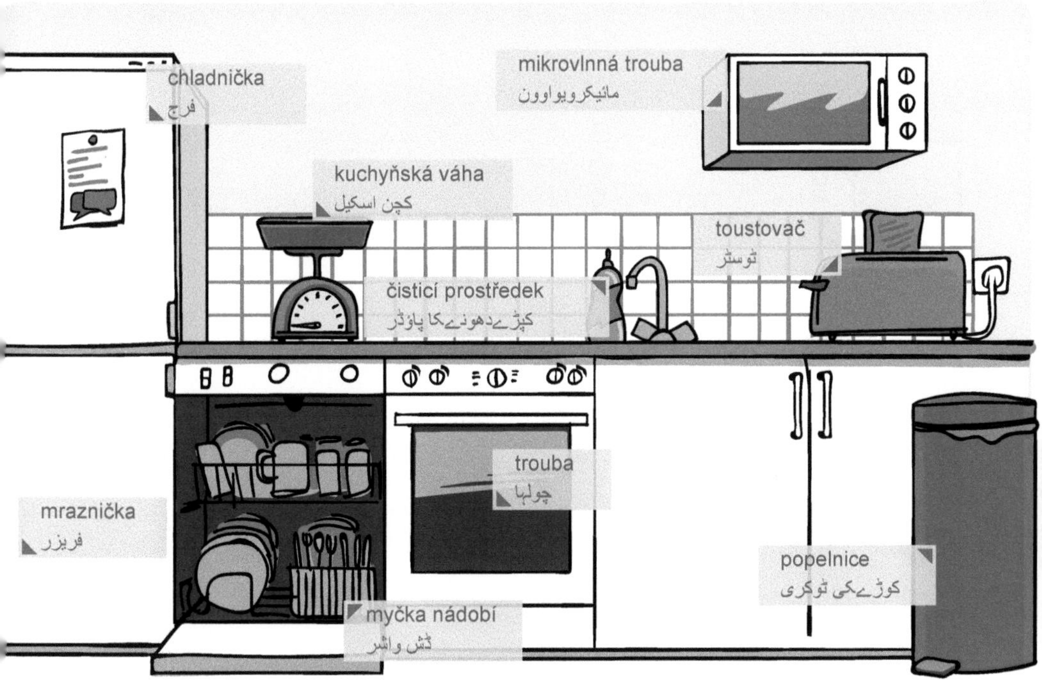
chladnička
فرج
mikrovlnná trouba
مائیکروویواوون
kuchyňská váha
کچن اسکیل
toustovač
ٹوسٹر
čisticí prostředek
کپڑےدھونےکا پاؤڈر
trouba
چولہا
mraznička
فریزر
popelnice
کوڑےکی ٹوکری
myčka nádobí
ڈش واشر

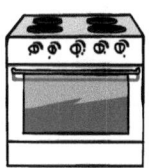

sporák
گکر

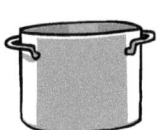

hrnec
برتن

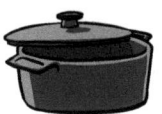

litinový hrnec
لوہےکا برتن

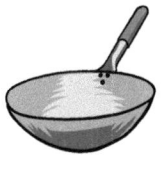

wok / kadai
کڑاہی

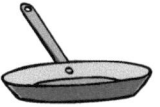

pánev
برتن

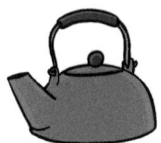

varná konvice
کیتلی

parní hrnec

اسٹیمر

plech na pečení

بیکنگ ٹرے

nádobí

کراکری

hrnek

مگ

miska

پیالہ

jídelní hůlky

چاپ اسٹکس

naběračka

ڈونی

obracečka

کفچہ

metla

جھاڑُودینا

síto

مقطر

cedník

چھلنی

struhadlo

گریٹر

hmoždíř

کونڈی

gril

باربی کیو

ohniště

کھُلی آگ

kuchyně - باورچی خانہ

prkénko na krájení

چاپنگ بورڈ

váleček na těsto

بیلن

vývrtka

کارک اسکریو

dóza

کین

otvírák na konzervy

کین اوپنر

chňapka

برتن پکڑنےوالا کپڑا

umyvadlo

سنک

kartáč na nádobí

برش

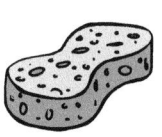

houba

اسپونج

mixér

بلینڈر

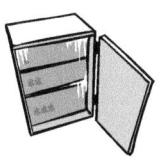

mrazák

ڈیپ فریز

dětská lahev

بچےکی بوتل

kohoutek

ٹونٹی

koupelna

غُسل خانہ

topení
ہیٹنگ
ručník
تولیہ
sprcha
شاور
sprchový závěs
شاورکرٹن
pěnová koupel
ببل باتھ
vana
باتھ ٹب
sklenička
شیشہ
pračka
واشنگ مشین
kohoutek
ٹونٹی
obkladačky
ٹائلیں
nočník
پاٹی
umyvadlo
سنک

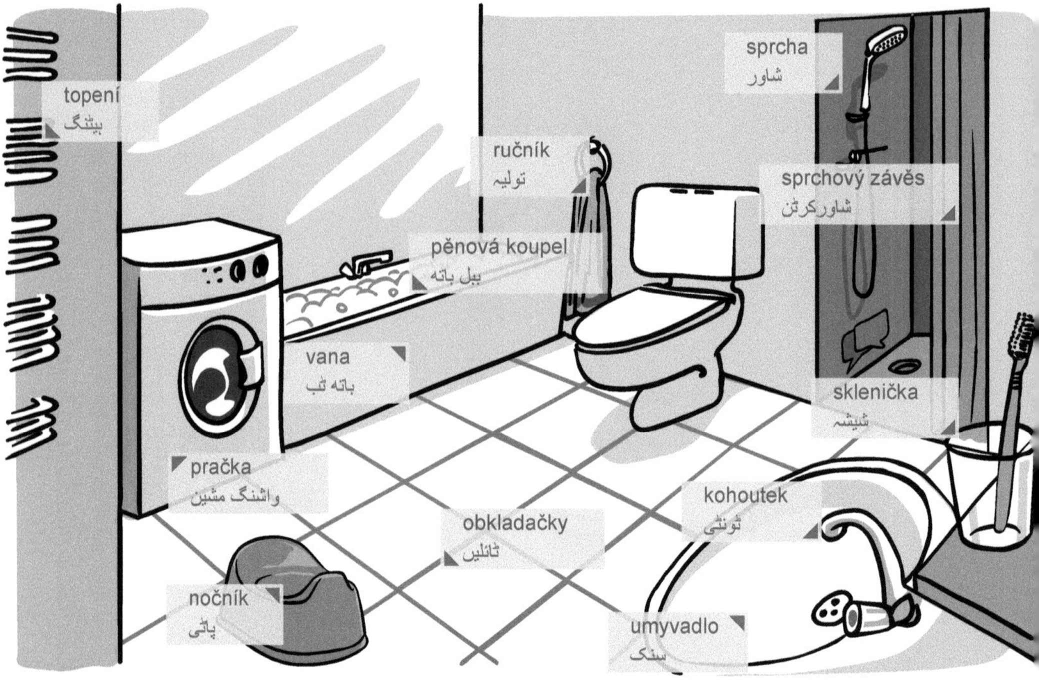

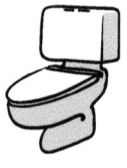

záchod

ٹائلٹ

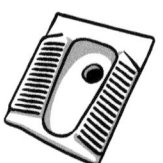

turecký záchod

دوزانوں بیٹھنےوالی ٹائلٹ

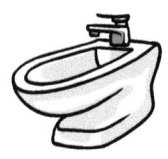

bidet

نچلاحصہ دھونےکیلئےپاٹ

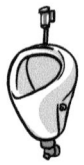

pisoár

پیشاب گاہ

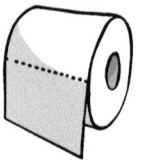

toaletní papír

ٹائلٹ پیپر

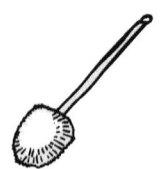

záchodová štětka

ٹائلٹ برش

zubní kartáček

ٹوته برش

zubní pasta

ٹوته پیسٹ

zubní niť

ٹینٹل فلاس

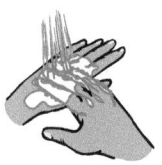

mýt

دهونا

ruční sprcha

ہینڈ شاور

intimní sprcha

شاور

umyvadlo

بیسن

kartáč na záda

بیک برش

mýdlo

صابن

sprchový gel

شاورجل

šampón

شیمپو

žínka

فلالین

odpad

ڈرین

krém

کریم

deodorant

ڈیوڈورنٹ

zrcadlo

آئینہ

kosmetické zrcátko

ہاتھ میں پکڑا جانےوالا آئینہ

holicí strojek

ریزر

pěna na holení

شیونگ فوم

voda po holení

آفٹرشیو

hřeben

کنگھی

kartáč

برش

fén

ہیئرڈرائر

lak na vlasy

ہیئراسپرے

makeup

میک اپ

rtěnka

لپ اسٹک

lak na nehty

نیل وارنش

vata

روئی

nůžky na nehty

ناخن کاٹنےکی قینچی

parfém

پرفیوم

taška s toaletními potřebami

واش بیگ

stolička

پاخانہ

váha

وزن کرنے کی مشین

župan

باتھ روب

gumové rukavice

ربڑ کے دستانے

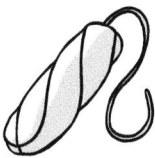

tampón

ٹیمپون

dámská vložka

سینیٹری ٹاول

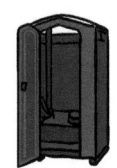

chemická toaleta

کیمیکل ٹائلٹ

dětský pokoj

بچوں کا کمرہ

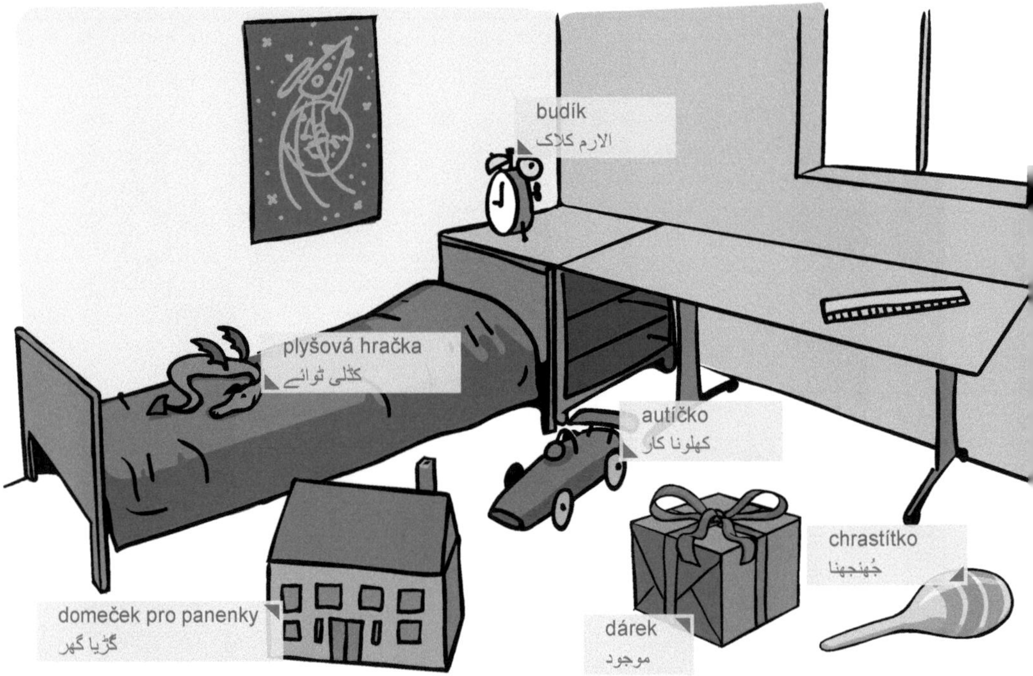

budík
الارم کلاک
plyšová hračka
کڈلی ٹوائے
autíčko
کھلونا کار
chrastítko
جُھنجھنا
domeček pro panenky
گڑیا گھر
dárek
موجود

balón

غبارہ

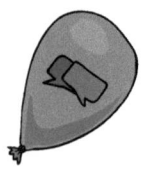

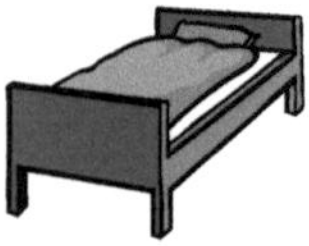

postel

بستر

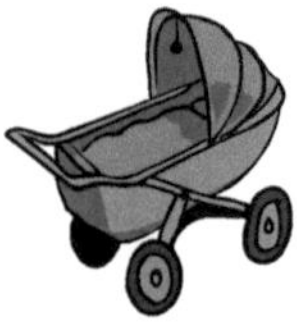

kočárek

پرام

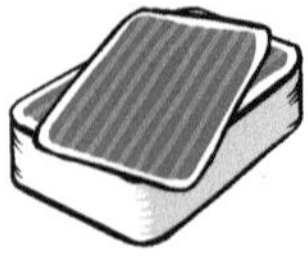

balíček karet

ڈیک آف کارڈز

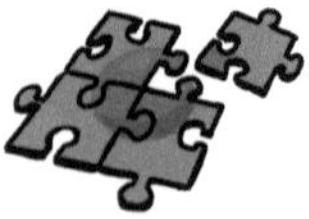

puzzle

جگسا

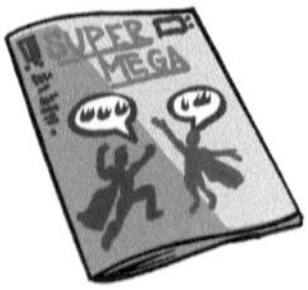

komiks

کامک

lego kostky

ليگوبرکس

stavebnice

کھلونا بلاکس

akční figurka

ایکشن فگر

dupačky

بچے کا لباس

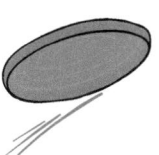

frisbee

فرسبی

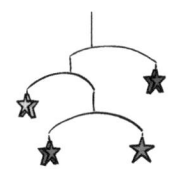

závěsné hračky nad
postýlku

کھلونا موبائل

desková hra

بورڈ گیم

kostky

ڈائس

modelová železnice

ماڈل ٹرین سیٹ

dudlík

ڈمی

oslava

پارٹی

obrázková kniha

تصاویروالی کتاب

míč

گیند

panenka

گڑیا

hrát si

کھیلنا

pískoviště

سینڈ پٹ

houpačka

جھولا جھولنا

hračky

کھلونے

hrací konzole

وڈیوگیم کنسول

tříkolka

تین پہیوں والی سائیکل

medvídek

ٹیڈی بیئر

šatník

کپڑوں کی الماری

oblečení

لباس

ponožky

موزے

punčochy

استاکنگز

punčochové kalhoty

ٹائٹس

šála
اسكارف

pásek
بیلٹ

deštník
چھتری

tričko
ٹی شرٹ

kozačky
بوٹ

domácí obuv
سلیپر

tenisky
اسنیکرز

sandály
....
سینڈل

obuv
....
جوتے

holínky
....
ربڑکےبوٹس

spodní prádlo
....
زیرجامہ

podprsenka
....
بریزئیر

nátělník
....
واسکٹ

body

جسم

kalhoty

پتلون

džíny

جینز

sukně

اسکرٹ

blůza

بلاؤز

košile

قمیض

svetr

پُل اوور

mikina

سویٹر

blejzr

بلیزر

bunda

جیکٹ

kabát

کوٹ

pláštěnka

رین کوٹ

kostým

کوئی خاص لباس

šaty

لباس

svatební šaty

شادی کا لباس

oblek

سوٹ

noční košile

نائٹ گاؤن

pyžamo

پائجامہ

sárí

ساڑھی

šátek na hlavu

سرپرلیا جانےوالا اسکارف

turban

پگڑی

burka

بُرقع

kaftan

کفتان

abája

عبایہ

plavky

تیراکی کا سوٹ

pánské plavky

ٹرنک

kraťasy

نیکر

tepláková souprava

ٹریک سوٹ

zástěra

اپرن

rukavice

دستانے

knoflík

بٹن

brýle

عینک

náramek

کنگن

náhrdelník

بار

prsten

انگوٹھی

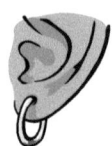

náušnice

کانوں کی بالیاں

čepice

ٹوپی

ramínko

کوٹ ہینگر

klobouk

ہیٹ

kravata

ٹائی

zip

زپ

helma

ہیلمٹ

kšandy

بریسز

školní uniforma

سکول یونیفارم

uniforma

وردی

bryndák

بب

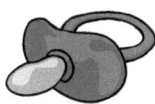

dudlík

چُمی

plena

نیپی

kancelář

دفتر

server

سرور

kartotéka

فائلوں کی الماری

tiskárna

پرنٹر

monitor

مانیٹر

papír

کاغذ

myš

ماؤس

psací stůl

میز

šanon

فولڈر

klávesnice

کی بورڈ

židle

کرسی

odpadkový koš na papír

ویسٹ پیپرباسکٹ

počítač

کمپیوٹر

hrnek na kávu

کافی مگ

kalkulačka

کیلکولیٹر

internet

انٹرنیٹ

notebook

لیپ ٹاپ

dopis

خط

zpráva

پیغام

mobil

موبائل

síť

نیٹ ورک

kopírka

فوٹوکاپئیر

software

سافٹ ویئر

telefon

ٹیلی فون

zásuvka

پلگ ساکٹ

fax

فیکس مشین

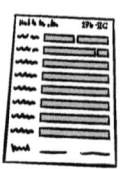

formulář

فارم

dokument

دستاویز

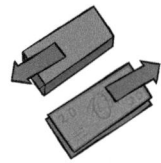

nakupovat

خریدنا

zaplatit

ادائیگی کرنا

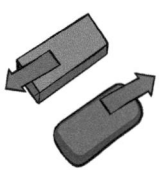

jednat

تجارت کرنا

peníze

رقم

dolar

ڈالر

euro

یورو

jen

ین

rubl

روبل

frank

سوئس فرانک

juan

رینمنیبی یوآن

rupie

روپیہ

bankomat

کیش پوائنٹ

směnárna

رقم تبدیل کرانے کیلئے دفتر

zlato

سونا

stříbro

چاندی

olej

خام تیل

energie

توانائی

cena

قیمت

smlouva

معاہدہ

daň

ٹیکس

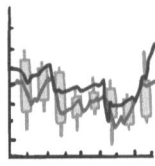

akcie

اسٹاک

pracovat

کام کرنا

zaměstnanec

ملازم

zaměstnavatel

أجر

továrna

فیکٹری

obchod

دکان

povolání

پیشے

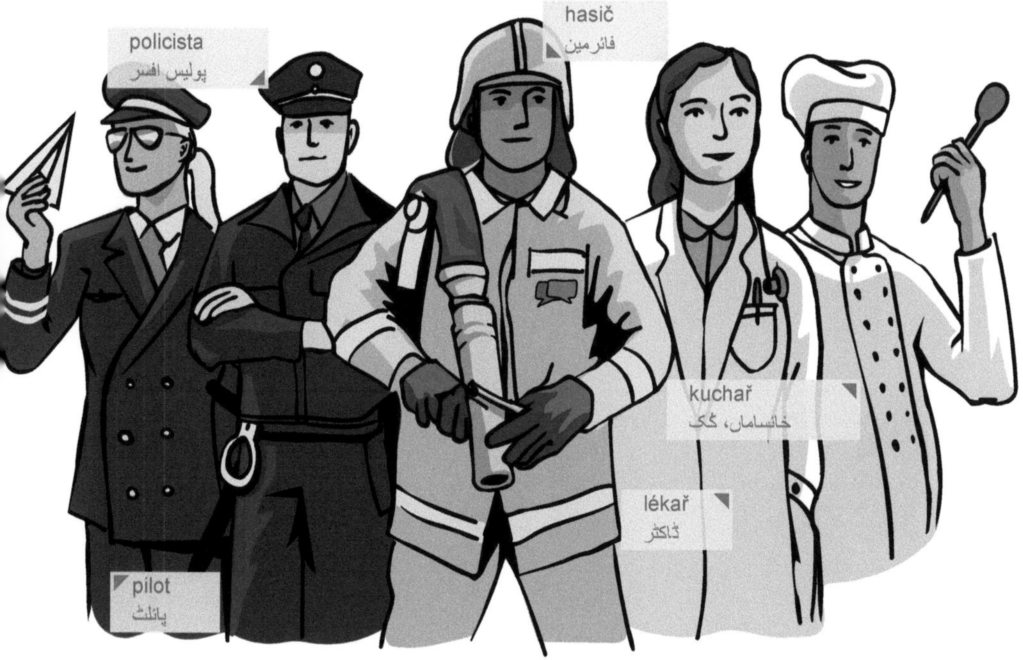

policista
پولیس افسر
hasič
فائر مین
kuchař
خانساماں، کُک
lékař
ڈاکٹر
pilot
پائلٹ

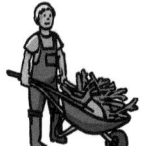

zahradník
مالی

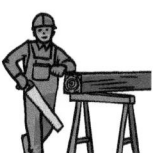

truhlář
ترکھان

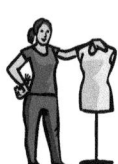

švadlena
درزن

soudce
جج

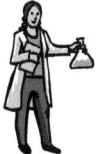

chemik
کیمسٹ

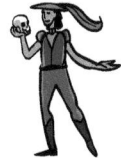

herec
اداکار

řidič autobusu

بس ڈرائیور

řidič taxi

ٹیکسی ڈرائیور

rybář

مچھیرا

uklízečka

صفائی کرنےوالی عورت

pokrývač

چھت بنانےوالا

číšník

ویٹر

myslivec

شکاری

malíř

پینٹر

pekař

بیکر

elektrikář

الیکٹریشین

stavební dělník

بلڈر

inženýr

انجینیر

řezník

قصائی

klempíř

پلمبر

listonoš

ڈاکیا

voják

سپاہی

architekt

آرکیٹیکٹ

pokladní

کیشیئر

florista

پھول بیچنےوالا

kadeřník

نائی

průvodčí

کنڈکٹر

mechanik

مکینک

kapitán

کپتان

zubař

ڈینٹسٹ

vědec

سائنسدان

rabín

یہودی عالم

imám

امام

mnich

راہب

duchovní

پادری

nářadí

اوزار

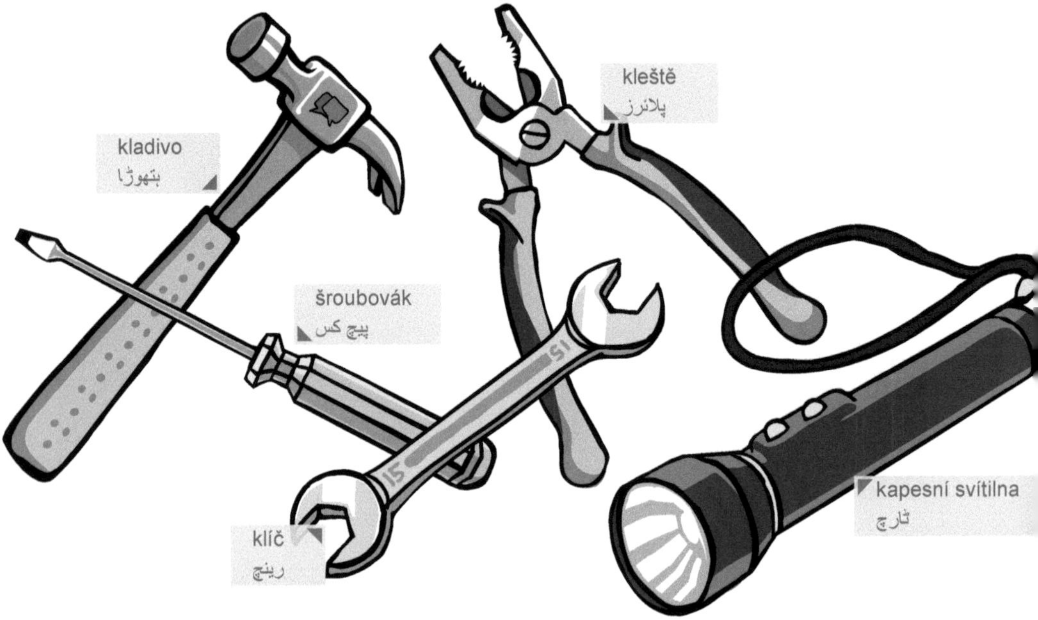
kladivo
ہتھوڑا
kleště
پلائرز
šroubovák
پیچ کس
klíč
رینچ
kapesní svítilna
ٹارچ

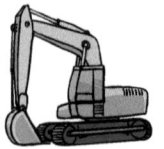

bagr

ایکسکویٹر

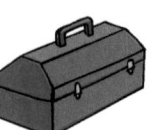

skříň na nářadí

ٹول باکس

žebřík

سیڑھی

pila

آری

hřebíky

کیل

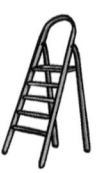

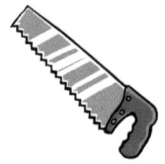

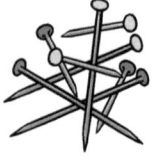

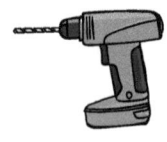

vrtačka

ڈرل

opravit

مرمت کرنا

lopata

بیلچہ

Kurva!

لعنت ہو!

lopatka

ٹسٹ پین

vědroé na barvu

پینٹ پاٹ

šrouby

پیچ

hudební nástroje

آلات موسیقی

reproduktor
لاؤڈ اسپیکر

bicí
ڈرم سیٹ

kytara
گٹار

kontrabas
ڈبل باس

trubka
بگل

klavír

پیانو

housle

وائلن

basa

موسیقی کی آواز

tympán

ٹمپانی

bubny

ڈھول، ڈرمز

keyboard

کی بورڈ

saxofon

سیکسوفون

flétna

بانسری

mikrofon

مائیکروفون

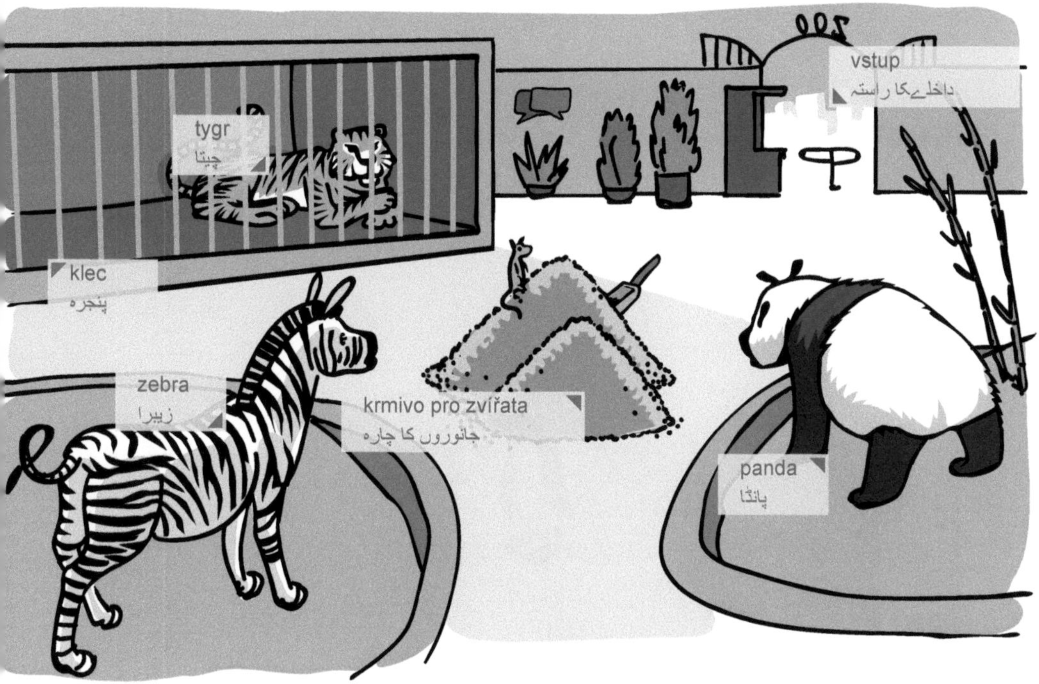

tygr
چیتا

vstup
داخلے کا راستہ

klec
پنجرہ

zebra
زیبرا

krmivo pro zvířata
جانوروں کا چارہ

panda
پانڈا

zvířata

جانور

slon

ہاتھی

klokan

کینگرو

nosorožec

گینڈا

gorila

گوریلا

medvěd

ریچھ

velbloud

اونٹ

pštros

شُترمُرغ

lev

شیر

opice

بندر

plameňák

فلیمنگو

papoušek

طوطا

lední medvěd

قطبی ریچھ

tučňák

کبوتر

žralok

شارک

páv

مور

had

سانپ

krokodýl

مگرمچھ

ošetřovatel zvířat

چڑیا گھر کا محافظ

tuleň

سیل

jaguár

امریکی تیندوا

poník

ٹٹو

leopard

چیتا

hroch

دریائی گھوڑا

žirafa

زرافہ

orel

عقاب

divoké prase

سؤر

ryby

مچھلی

želva

کچھوا

mrož

سمندری گھوڑا

liška

لومڑی

gazela

غزال ہرن

sport
کھیلیں

americký fotbal
امریکن فٹ بال

cyklistika
سائیکلنگ

tenis
ٹینس

košíková
باسکٹ بال

plavání
پیراکی

box
باکسنگ

lední hokej
آئس ہاکی

kopaná

فٹ بال

badminton

بیڈمنٹن

lehká atletika

اتھلیٹکس

házená

ہینڈ بال

běh na lyžích

اسکیننگ

vodní pólo

پولو

62   sport - کھیلیں

smát se
بنسنا

objímat
گلے لگانا

skočit
چھلانگ لگانا

jít
چلنا

zpívat
گانا

snít
خواب دیکھنا

modlit se
دُعا کرنا

políbit
چُومنا

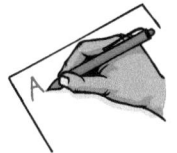

psát

لکھنا

kreslit

تصویرکشی کرنا

ukazovat

دکھانا

tlačit

آگے کی طرف دھکیلنا

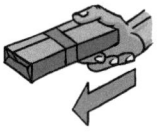

dát

دینا

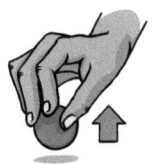

vzít si

لینا

mít

ركھنا

dělat

کرنا

být

ہونا

stát

کھڑا ہونا

běhat

دوڑنا

táhnout

کھینچنا

hodit

پھینکنا

padat

گرنا

ležet

جھوٹ بولنا

čekat

انتظار کرنا

nosit

اٹھانا

sedět

بیٹھنا

oblékat

ملبوس ہونا

spát

سونا

vzbudit se

جاگنا

aktivity - سرگرمیاں

prohlédnout si

دیکھنا

plakat

رونا

pohladit

چوٹ لگانا

česat

کنگھی کرنا

hovořit

بات کرنا

rozumět

سمجھنا

ptát se

پوچھنا

slyšet

مُتوجہ ہونا

pít

پینا

jíst

کھانا

uklidit

صاف کرنا

milovat

پیارکرنا

vařit

پکانا

jet

گاڑی چلانا

letět

اڑنا

سرگرمیاں - **aktivity**

65

plachtit

بحری سفرکرنا

počítat

شمارکریں

číst

پڑھنا

učit se

سیکھنا

pracovat

کام کرنا

vzít si

شادی کرنا

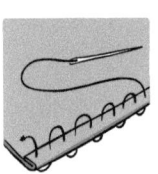

šít

سینا

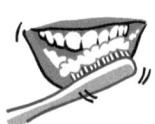

čistit si zuby

دانت صاف کرنا

zabít

جان سےماردینا

kouřit

تمباکونوشی کرنا

poslat

بھیجنا

babička
دادى

dědeček
دادا

otec
باپ

matka
ماں

dítě
طفل

dcera
بیٹی

syn
بیٹا

host

مہمان

teta

چچی

strýc

چچا

bratr

بھائی

sestra

بہن

tělo

جسم

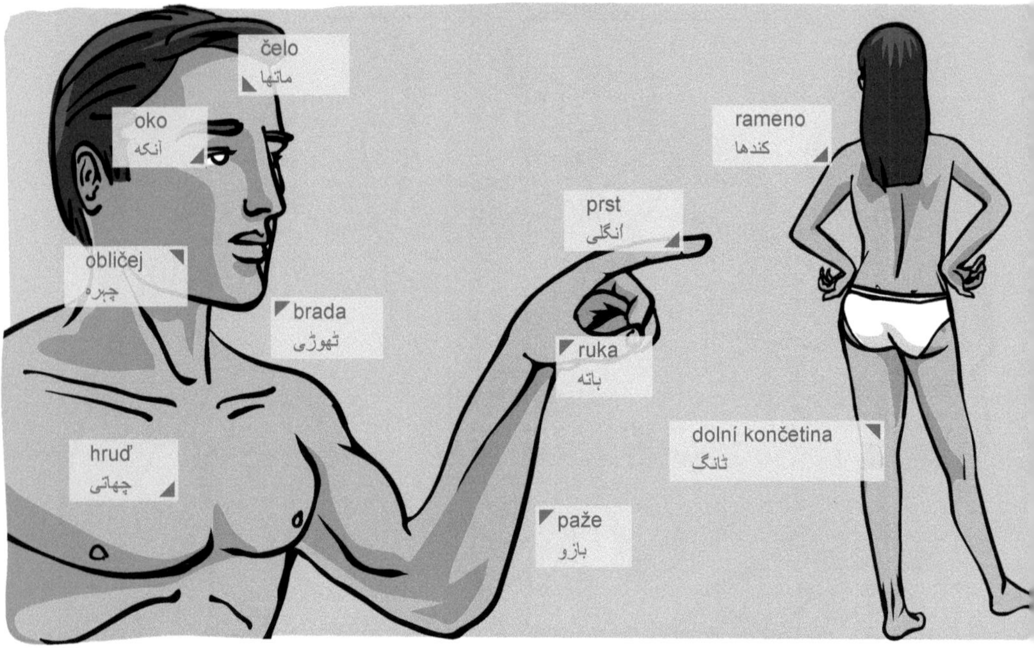

čelo
ماتھا
oko
آنکھ
rameno
کندھا
prst
انگلی
obličej
چہرہ
brada
ٹھوڑی
ruka
ہاتھ
dolní končetina
ٹانگ
hruď
چھاتی
paže
بازو

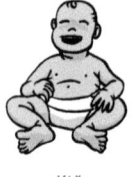

dítě

طفل

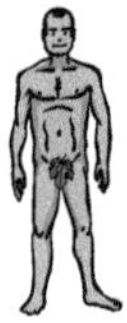

muž

آدمی

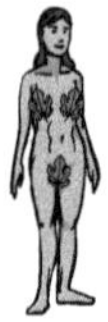

žena

عورت

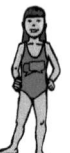

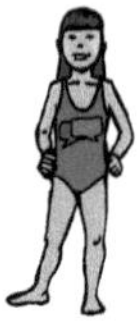

dívka

لڑکی

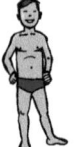

chlapec

لڑکا

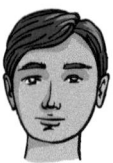

hlava

سر

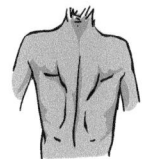

záda

کمر

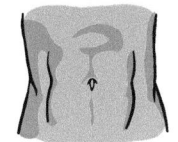

břicho

پیٹ

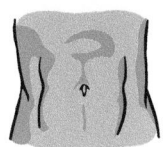

pupík

ناف

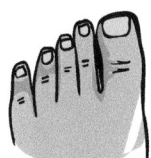

prst na noze

پاؤں کا انگوٹھا

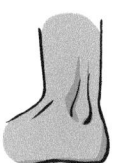

pata

ایڑھی

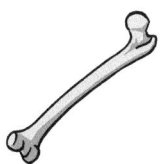

kost

ہڈی

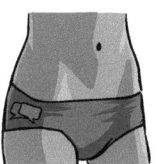

bok

کولہا

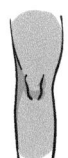

koleno

گھٹنا

loket

کہنی

nos

ناک

zadek

نچلا حصہ

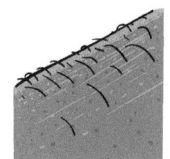

kůže

جلد

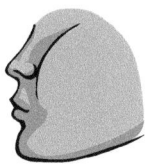

tvář

گال

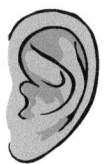

ucho

کان

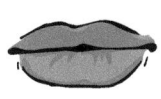

ret

ہونٹ

ústa

مُنہ

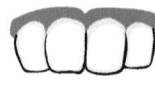

zub

دانت

jazyk

زُبان

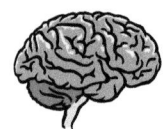

mozek

دماغ

srdce

دل

sval

پٹھہ

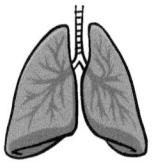

plíce

پھیپھڑا

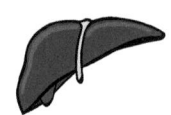

játra

جگر

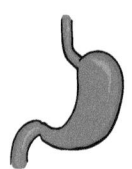

žaludek

معدہ

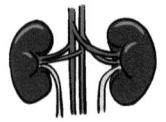

ledviny

گردے

pohlavní styk

جنس

kondom

کنڈوم

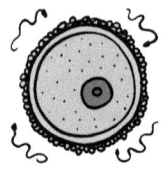

vajíčko

بیضہ

sperma

مادہ منویہ

těhotenství

حمل

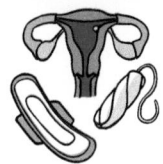

menstruace

حیض

vagina

اندام نهانی

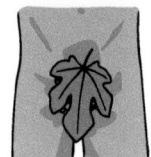

penis

عضوتناسل

obočí

بھنویں

vlasy

بال

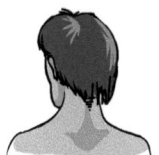

krk

گردن

nemocnice
ہسپتال

nemocnice
ہسپتال
sanitka
ایمبولینس
invalidní vozík
ویل چیئر
zlomenina
ہڈی ٹوٹنا

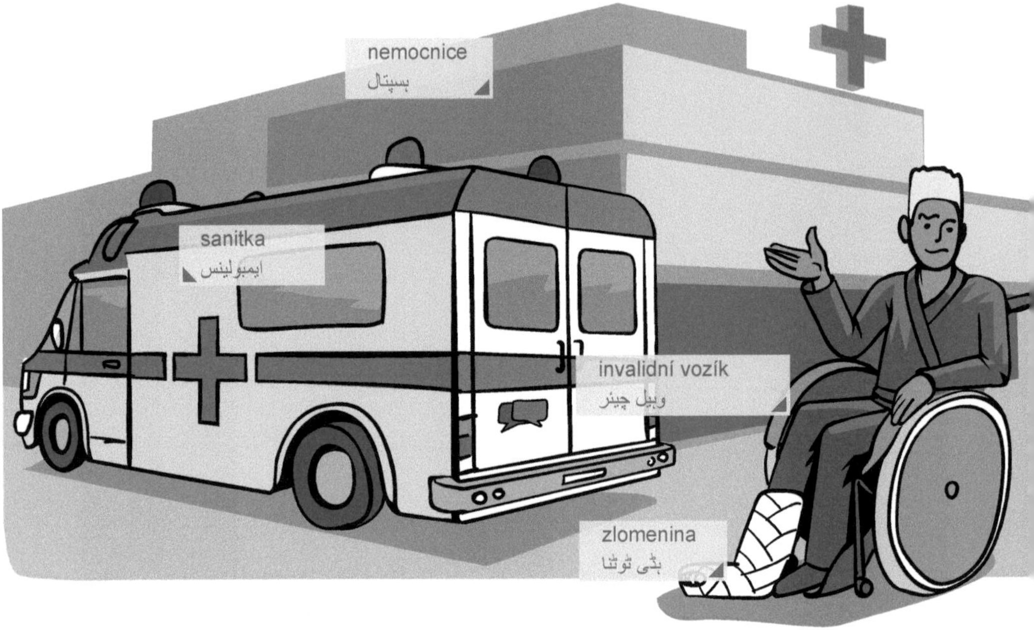

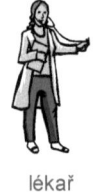

lékař
ڈاکٹر

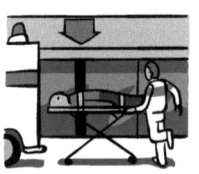

pohotovost
ہنگامی کمرہ

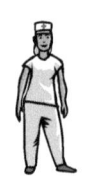

zdravotní sestra
نرس

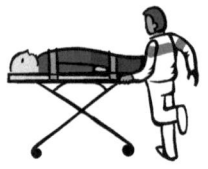

urgentní případ
ہنگامی صورتحال

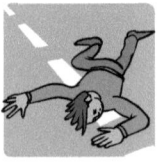

v bezvědomí
بےہوش

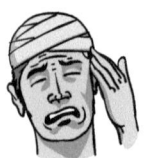

bolest
درد

úraz

زخم

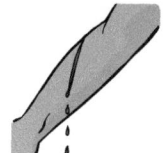

krvácení

خون بہنا

infarkt myokardu

دل کا دورہ

cévní mozková příhoda

فالج

alergie

الرجی

kašel

کھانسی

horečka

بخار

chřipka

زکام

průjem

اسہال

bolest hlavy

سردرد

rakovina

کینسر

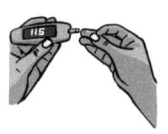

cukrovka

ذیابیطس

chirurg

سرجن

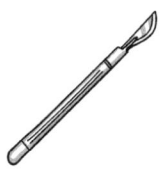

skalpel

نشتر

operace

آپریشن

CT

سی ٹی

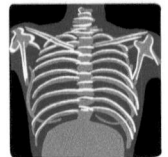

rentgen

ایکس رے

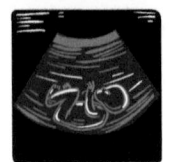

ultrazvuk

الٹراساؤنڈ

maska

چہرے کا نقاب

nemoc

بیماری

čekárna

انتظارگاہ

berle

بیساکھی

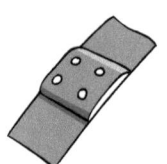

náplast

پلاسٹر

obvaz

پٹی

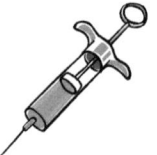

injekce

انجکشن

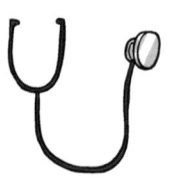

stetoskop

اسٹیتھواسکوپ

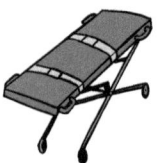

nosítka

اسٹریچر

teploměr

مطلبی تھرما میٹر

porod

پیدائش

nadváha

حد سےزیادہ وزن

naslouchátko

آله سماعت

dezinfekční prostředek

جراثیم کش

infekce

انفیکشن

virus

وائرس

HIV / AIDS

ایچ آئی وی/ ایڈز

lékařství

دوا

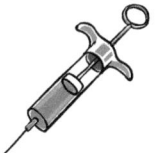

očkování

ویکسی نیشن

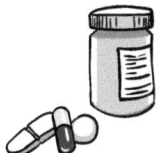

tablety

گولیاں

pilulka

گولی

tísňové volání

ہنگامی کال

tonometr

بلڈ پریشرمانیٹر

nemocný / zdravý

بیمار / صحتمند

Pomoc!

مددإ

poplach

الارم

přepadení

مُجرمانہ حملہ

napadení

حملہ

nebezpečí

خطرہ

nouzový východ

ہنگامی راستہ

Hoří!

آگ!

hasicí přístroj

آگ بُجھانےوالہ آلہ

nehoda

حادثہ

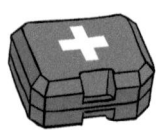

zdravotnická brašna

ابتدائی طبی امداد کی کٹ

SOS

ایس اوایس

policie

پولیس

Evropa

يورپ

Severní Amerika

شمالی امریکہ

Jižní Amerika

جنوبی امریکہ

Afrika

افريقہ

Asie

ايشيا

Austrálie

آسٹریلیا

Atlantik

بحراوقيانوس

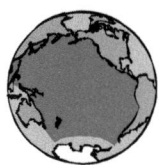

Pacifik

بحرالكابل

Indický oceán

بحربند

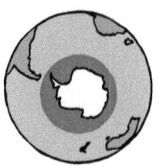

Jižní ledový oceán

بحرقطب جنوبی

Severní ledový oceán

بحرقطب شمالی

severní pól

قطب شمالی

jižní pól

قُطب جنوبی

Antarktida

انتارکتیکا

země

زمین

pevnina

زمین

moře

سمندر

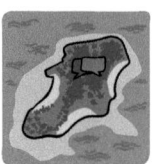

ostrov

جزیره

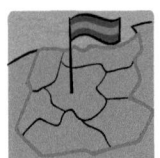

národ

قوم

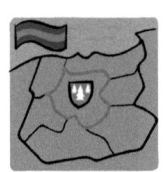

stát

ریاست

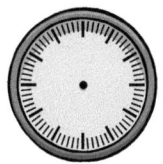

ciferník

کلاک کا سامنےکا حصہ

hodinová ručička

گھنٹوں والی سونی

minutová ručička

منٹوں والی سونی

vteřinová ručička

سیکنڈ ہینڈ

Kolik je hodin?

کیا وقت ہوا ہے؟

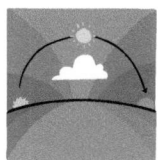

den

دن

čas

وقت

teď

اب

digitální hodinky

ڈیجیٹل گھڑی

minuta

منٹ

hodina

گھنٹہ

týden

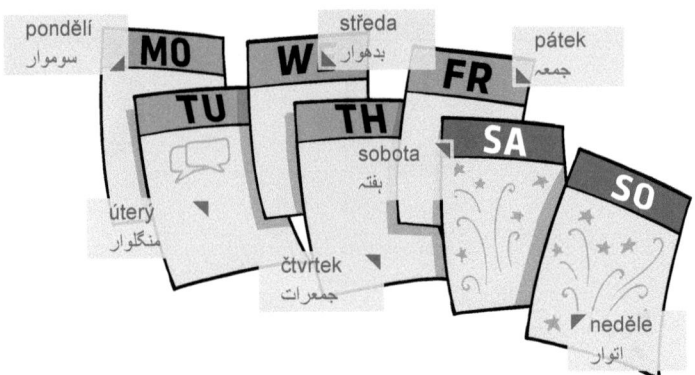

pondělí سوموار
MO

středa بدهوار
W

pátek جمعہ
FR

TU
úterý منگلوار

TH
čtvrtek جمعرات

sobota هفته
SA

SO
neděle اتوار

včera

گزرا کل

dnes

آج

zítra

کل

ráno

صبح

poledne

دوپہر

večer

شام

MO	TU	WE	TH	FR	SA	SU
1	2	3	4	5	6	7
8	9	10	11	12	13	14
15	16	17	18	19	20	21
22	23	24	25	26	27	28
29	30	31	1	2	3	4

pracovní dny

کاروباری دن

MO	TU	WE	TH	FR	SA	SU
1	2	3	4	5	6	7
8	9	10	11	12	13	14
15	16	17	18	19	20	21
22	23	24	25	26	27	28
29	30	31	1	2	3	4

víkend

ہفتے کا اختتام

rok

سال

déšť
بارش
duha
قوس قزح
vítr
ہوا
sníh
برف
jaro
بہار
podzim
خزاں
léto
موسم گرما
zima
موسم سرما

4.APRIL 11°
5.APRIL 4°
6.APRIL 13°
7.APRIL 8°
8.APRIL 10°

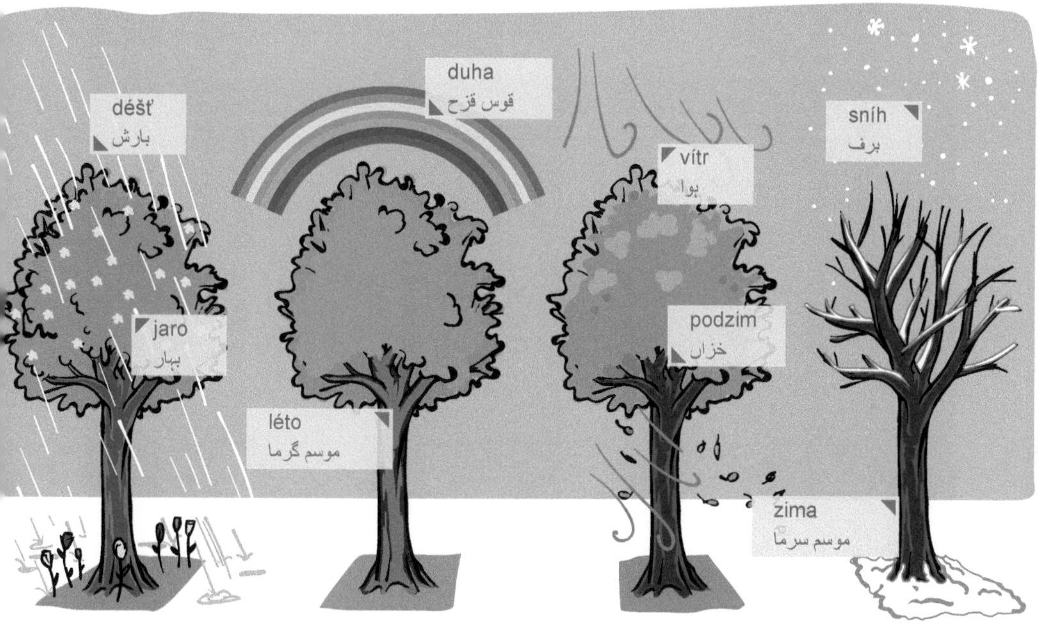

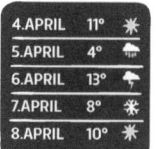

předpověď počasí

....

موسمی پیش گوئی

F C
120 40
90 30
60 20
30 10
0 0
-30 -10
-20

teploměr

....

تھرما میٹر

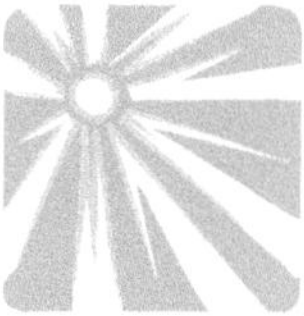

sluneční svit

....

دھوپ

mrak

....

بادل

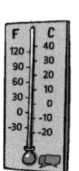

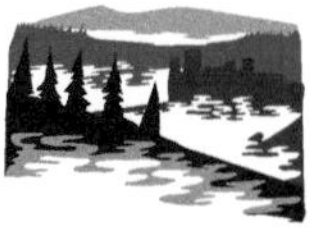

mlha

....

دُھند

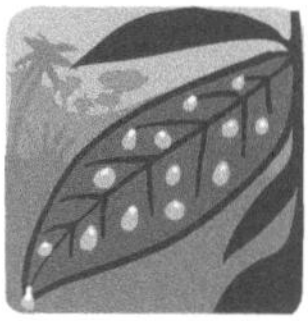

vlhkost

....

حبس

blesk

بجلی کوندھنا

hrom

بادلوں کی گرج

bouřka

طوفان

kroupy

ژالہ باری

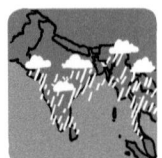

monzun

مون سون

povodeň

سیلاب

led

برف

leden

جنوری

únor

فروری

březen

مارچ

duben

اپریل

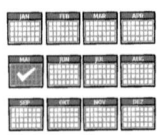

květen

مئی

červen

جون

červenec

جولائی

srpen

اگست

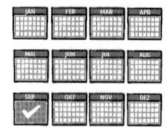

zář í

ستمبر

říjen

اكتوبر

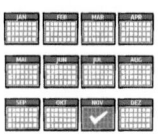

listopad

نومبر

prosinec

دسمبر

tvary

اشكال

kruh

دائره

čtverec

چوکور

obdélník

مُستطيل

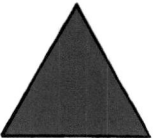

trojúhelník

تکون

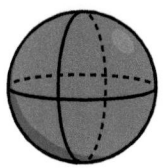

koule

گره

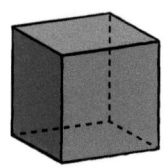

krychle

مكعب

bílá

سفید

žlutá

پیلا

oranžová

نارنجی

růžová

گلابی

červená

سُرخ

fialová

جامنی

modrá

نیلا

zelená

سبز

hnědá

بھورا

šedá

مٹیالا

černá

سیاہ

hodně / málo

بہت زیادہ / بہت کم

rozzuřený / mírumilovný

ناراض / پُرسکون

krásný / ošklivý

خوبصورت / بدصورت

začátek / konec

آغاز / اختتام

velký / malý

بڑا / چھوٹا

světlý / tmavý

روشن / اندھیرا

bratr / sestra

بھائی / بہن

čistý / špinavý

صاف / گندا

úplný / neúplný

مکمل / نامکمل

den / noc

دن / رات

mrtvý / živý

زندہ / مُردہ

široký / úzký

چوڑا / تنگ

jedlý / nejedlý

کھانے کے قابل ہونا / کھانے کے قابل نہ ہونا

zlý / hodný

بُرا / اچھا

vzrušený / znuděný

پُرجوش / بوریت کا شکار

tlustý / hubený

موٹا / دُبلا

nejdříve / naposledy

پہلا / آخری

přítel / nepřítel

دوست / دُشمن

plný / prázdný

بھرا ہوا / خالی

tvrdý / měkký

سخت / نرم

těžký / lehký

بوجھل / ہلکا

hlad / žízeň

بھوک / پیاس

nemocný / zdravý

بیمار / صحتمند

ilegální / legální

غیرقانونی / قانونی

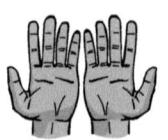

inteligentní / hloupý

عقلمند / بیوقوف

vlevo / vpravo

بائیں / دائیں

blízko / daleko

نزدیک / دور

nový / použitý

نیا / پُرانا

nic / něco

کچھ نہیں / کچھ ہے

starý / mladý

بوڑھا / نوجوان

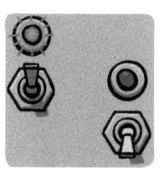

zapnutý / vypnutý

آن / آف

otevřeno / zavřeno

کھلا / بند

tichý / hlasitý

خاموش / بُلند آواز

bohatý / chudý

امیر / غریب

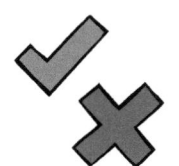

správný / špatný

ٹھیک / غلط

drsný / hladký

کھُردرا / ہموار

smutný / šťastný

افسردہ / خوش

krátký / dlouhý

مُختصر / طویل

pomalý / rychlý

آہستہ / تیز

vlhký / suchý

گیلا / خُشک

teplý / chladný

گرم / ٹھنڈا

válka / mír

جنگ / امن

0	**1**	**2**
nula	jedna	dva
صفر	ایک	دو

3	**4**	**5**
tři	čtyři	pět
تین	چار	پانچ

6	**7**	**8**
šest	sedm	osm
چھ	سات	آٹھ

9	**10**	**11**
devět	deset	jedenáct
نو	دس	گیاره

12

dvanáct

باره

13

třináct

تیره

14

čtrnáct

چوده

15

patnáct

پندره

16

šestnáct

سوله

17

sedmnáct

ستره

18

osmnáct

اتهاره

19

devatenáct

أنیس

20

dvacet

بیس

100

sto

سو

1.000

tisíc

هزار

1.000.000

milion

دس لاکه

angličtina

انگریزی

americká angličtina

امریکی انگریزی

standardní čínština

چینی مینڈارین

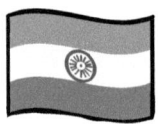

hindština

ہندی

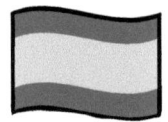

španělština

ہسپانوی

francouzština

فرانسیسی

arabština

عربی

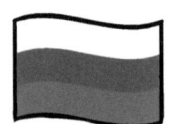

ruština

روسی

portugalština

پُرتگالی

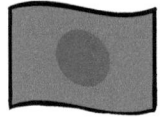

bengálština

بنگالی

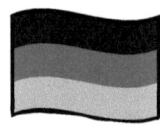

němčina

جرمن

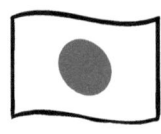

japonština

جاپانی

já

میں

ty

تم

on / ona / ono

وہ (لڑکا) / وہ (لڑکی) / یہ

my

ہم

vy

تم

oni

وہ

Kdo?

کون؟

Co?

کیا؟

Jak?

کیسے؟

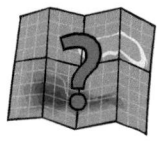

Kde?

کہاں؟

Kdy?

کب؟

jméno

نام

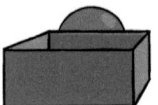

za

پیچھے

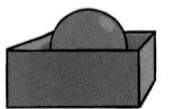

do

میں

z

کے سامنے

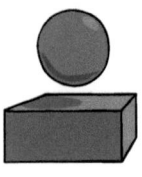

nad

اوپر

na

پر

mezi

نیچے

vedle

ساتھ

mezi

درمیان

místo

جگہ